I0098513

NOTES

SUR

MARCEL FABRICIUS

RECCEILLIES

POUR SA FAMILLE

~~~~~~

NANCY

3 ET 6 AVRIL 1880

27
12
31858

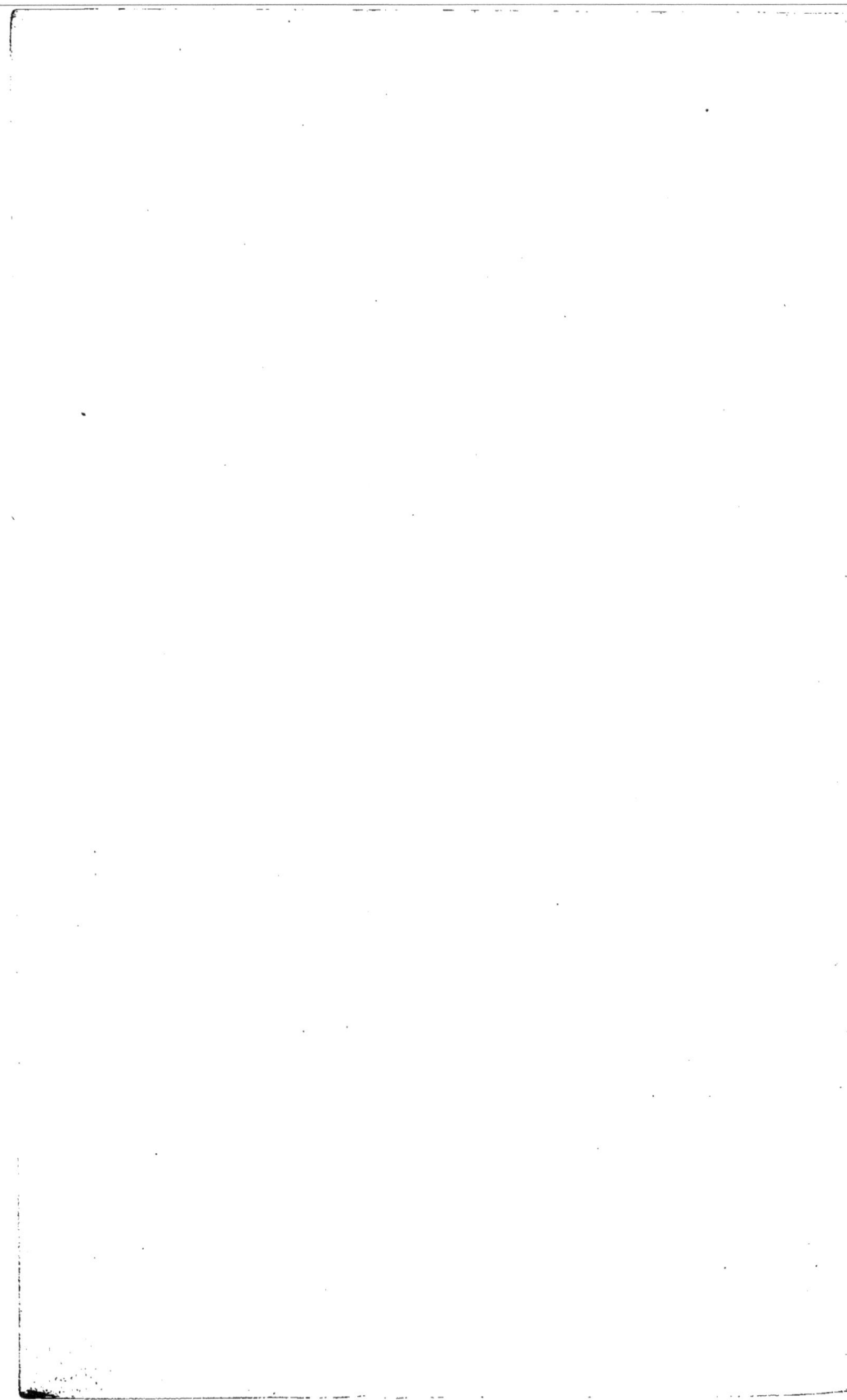

Jean-Marcel Fabricius est né à Metz le 15 mars 1861.
En 1872, après la guerre qui fit passer sa ville natale
sous la domination étrangère, il vint avec sa famille
chercher un asile sur la terre française à Nancy. Il
y continua et acheva ses études au Lycée de cette
ville, fut reçu bachelier ès lettres en 1879, et, à la
rentrée des classes de cette même année, il prit ses
inscriptions à l'École de Droit en même temps qu'il
se préparait, en suivant les cours de la Faculté des
Lettres, à l'obtention du grade de licencié.

Le samedi 13 mars 1880, à la suite de quelques
jours de malaise, il fut obligé de s'aliter.

Il était atteint, avec une violence extrême, de la
fièvre typhoïde. Les soins les plus incessants, les
plus éclairés, les plus tendres lui furent prodigués
nuit et jour, par sa mère, par son médecin (1) et par
la digne sœur Raphaël, de l'*Espérance* : tout ce qui
veillait autour de lui, la science, le dévouement,

(1) Voir les notes à la dernière page.

l'amour, tout fut impuissant. Quelque mieux semblait bien s'être manifesté dans son état, le samedi matin 3 avril ; mais le soir de ce même jour, vers six heures, une hémorrhagie interne se déclara, et deux heures après il cessait de souffrir et de vivre, à 19 ans et quelques jours.

Et ses camarades de cœur, ses amis intimes n'étaient pas là ! Adolphe Monet (2), le plus ancien de tous, prévenu tardivement, ne put arriver de Paris que le lendemain. Louis Knœppfler (3) accourut de Reims en toute hâte ; mais la mort, qui va plus vite encore que le train le plus rapide, l'avait devancé d'une heure. Henri Michel (4) enfin, retenu plus impérieusement encore par ses études que par sa santé, n'avait pu, malgré le plus ardent désir, quitter momentanément Paris. Ils ne se sont pas revus ; ils n'ont pu échanger le serrement de main du dernier moment : quels regrets pour lui, pour eux qui l'aimaient autant qu'ils en étaient aimés !

Le mardi, 6 avril, le *Courrier de Meurthe-et-Moselle* publiait les lignes suivantes :

« Un de nos compatriotes qui habite Nancy depuis l'annexion, M. B., ancien directeur du *Courrier*, vient d'être cruellement frappé dans ses plus chères affections : son petit-fils, Marcel Fabricius, a été emporté samedi soir par la fièvre typhoïde, après plusieurs semaines de maladie. — Il suivait les cours de la Faculté de Droit et de la Faculté des Lettres. De l'avis de tous ceux qui l'ont connu, maîtres et condisciples, M. Fabricius était prédestiné, par son intelligence et son travail, à un brillant avenir.

» Que la famille du regretté défunt, que notre maître et ami, M. B., nous permettent de leur présenter nos plus sincères condoléances pour le coup douloureux qui les frappe. »

———

D'autres journaux de Nancy, l'*Impartial*, le *Journal de la Meurthe*, le *Progrès de l'Est*...., ont, à leur tour, spontanément entretenu leurs lecteurs de la mort et des obsèques de Marcel Fabricius, avec une bienveillance dont la famille du jeune défunt ne peut qu'être honorée et reconnaissante.

———

On lisait le 7 avril, dans le *Courrier :*

« Hier mardi, à neuf heures du matin, ont eu lieu les obsèques de M. Marcel Fabricius. Un nombreux cortège d'amis était venu apporter à la famille le témoignage de la sympathie que tous éprouvaient pour les parents frappés par ce coup douloureux.

» Les étudiants avaient déposé sur le cercueil de leur ami, deux magnifiques couronnes de fleurs naturelles qui ont été portées, par quatre d'entre eux, derrière les restes mortels de leur regretté camarade. On lisait sur l'une *Faculté de Droit*, sur l'autre *Cercle des Étudiants*. Six autres étudiants tenaient les cordons du poêle : MM. Boppe, Brunet, Depéronne, Larcher, Véver, de la Faculté de Droit ou de celle des Lettres, et Georges Simon (5), encore élève du Lycée, ami particulier du défunt.

» M. Lederlin, doyen de la Faculté de Droit, et la majorité des professeurs de la Faculté (6), ont accompagné jusqu'au cimetière leur élève, que son intelligence distinguée avait classé parmi ceux qui, plus tard, auraient fait honneur à leurs maîtres.

» Au cimetière trois discours ont été prononcés : le premier par M. Lederlin, doyen de la Faculté de Droit ; le deuxième par M. Lucien Larcher, étudiant en Droit ; le troisième par M. Dumont, président du Cercle des Étudiants.

Voici le discours de M. Lederlin :

« Pour la seconde fois depuis la rentrée de l'année
» scolaire, la Faculté de Droit est appelée à rendre
» les derniers devoirs à un de ses élèves, et c'est
» encore parmi les plus jeunes que la mort à choisi
» sa victime.

» Marcel Fabricius était à peine âgé de 19 ans.
» Il appartenait par sa naissance à cette héroïque
» cité de Metz, que ses malheurs nous ont rendue
» plus chère, s'il était possible, et dont les enfants,
» exilés volontaires, sont venus demander à Nancy

» une seconde patrie. Il était l'unique joie, l'unique
» espoir de sa famille ; elle concentrait sur lui toute
» son affection ; elle n'avait cessé de l'entourer de
» sa sollicitude la plus tendre et la plus éclairée.
» La vie s'ouvrait devant lui, souriante et pleine de
» promesses ; il y répondait avec toute l'expansion
» de son âge, sans oublier que, dans toutes les
» conditions sociales, le travail est le premier élé-
» ment du succès, le meilleur titre à l'estime de
» nos semblables. Assidu aux leçons de ses maîtres,
» laborieux et zélé autant qu'intelligent, il promet-
» tait de nous faire honneur un jour. Il comptait
» aussi demander à la Faculté des Lettres le grade
» de licencié et disputer les palmes de ses concours.

» Que sa famille, si cruellement éprouvée, me
» permette de lui dire ici combien nous tous,
» maîtres, condisciples, amis, nous nous associons
» à son deuil, à ses regrets ; puisse notre sympathie
» apporter quelque allègement à sa douleur ! Dans
» ses insondables desseins, Dieu lui a envoyé l'é-
» preuve ; dans son infinie bonté, il lui donnera la
» force et le courage de la supporter. »

Après l'honorable doyen de la Faculté de Droit,
M. Lucien Larcher (7), étudiant de la même Faculté,
a pris la parole, et a dit, d'une voix qui trahissait
une profonde émotion :

« Les condisciples de Marcel Fabricius à l'École
» de Droit n'ont pas voulu laisser cette tombe, si

» prématurément ouverte, se refermer sans lui
» adresser un suprême et dernier adieu.

» Grande a été notre affliction lorsque, de retour
» à Nancy, nous avons appris que la cruelle maladie
» dont il était atteint l'avait enlevé à l'amour de ses
» parents, à l'estime de ses maîtres, à notre amitié !

» C'est à nous surtout qui, pour la plupart, l'avons
» connu sur les bancs du Lycée, qu'il a été donné de
» bien apprécier ses nombreuses qualités. Lorsque,
» chassé de son pays par une guerre funeste, il vint,
» inconnu, s'asseoir parmi nous, il ne tarda pas à
» avoir autant d'amis que de condisciples.

» C'est qu'en effet, par les qualités de son cœur
» comme par celles de son esprit, Marcel Fabricius
» savait gagner l'affection de tous ceux qui le con-
» naissaient.

» A cette activité et à cette application qui lui
» permettaient de partager son temps entre le Droit
» et les Lettres, il joignait cette gaîté franche et
» vive que nous lui connaissions tous, et qui faisait
» le charme de cette sympathique nature.

» Au Lycée, il avait remporté d'honorables succès.
» A l'Ecole de Droit, sa vive intelligence et son
» ardeur au travail, nous en faisaient espérer pour
» lui de nouveaux.

» Hélas ! il ne devait pas en être ainsi. L'impi-
» toyable mort est venue le frapper au seuil de la vie.

» Puisse l'expression des regrets et de l'affliction
» de ses nombreux amis, être un adoucissement à

» l'amertume de la douleur de ses malheureux
» parents ! »

Alors M. Dumont, président du Cercle des Étudiants, succède au jeune orateur et s'écrie, pour
ainsi dire, d'une voix chaude et pénétrante :

« C'est au nom du Cercle des Étudiants que je
» prends à mon tour ici la parole, pour exprimer
» les douloureux regrets de ses membres, devant
» cette tombe qui va ensevelir ce qui nous reste de
» Marcel Fabricius.

» Mais, l'étudiant laborieux, le camarade sympa-
» thique, viennent d'être dépeints en termes bien
» touchants par ses maîtres et par ses amis.

» Qu'il me soit donc permis, à moi qui fus l'un
» et l'autre, de rappeler les qualités du fils, qu'il m'a
» été donné d'apprécier dans les douces relations
» que m'avait créées près de lui, depuis longtemps
» déjà, la confiance de ses chers parents.

» C'est là une tâche pénible, puisque le deuil et
» la douleur de ceux qui l'ont aimé, sont précisé-
» ment en proportion de ces qualités qu'il me fau-
» drait énumérer.

» Je les résumerai donc en disant qu'il fut bon !
» Orgueil d'un père qui pouvait ne lui laisser
» d'autre guide, dans les débuts de la vie, qu'une
» conscience éclairée par un jugement mûri dans
» l'étude seule à défaut de l'expérience; chéri par
» une mère à l'amour de laquelle il avait sacrifié le

» désir d'embrasser une carrière qui l'en eût éloigné;
» Marcel avait encore, à côté et comme au-dessus
» de ces deux affections, un pieux et respectueux
» attachement, une sorte de vénération, pour son
» grand-père, que l'âge semblait devoir soustraire
» au douloureux privilège de fermer les yeux à son
» enfant bien-aimé!

» Jusqu'au dernier jour, jusqu'à la dernière minute
» de l'inexorable maladie qui devait emporter notre
» cher ami, de courtes rémissions avaient encore
» jeté quelques rayons d'espoir au cœur de ces mal-
» heureux parents : la mort semblait vouloir lâcher
» sa proie.... Hélas! ce n'était que pour la mieux
» saisir dans une dernière et fatale étreinte!

» Laissons inconsolées ces douleurs inconsolables!

» Pour toi, pauvre Marcel, si ton corps inanimé
» repose ici pour jamais, ton souvenir du moins
» vivra longtemps encore dans le cœur de tous ceux
» qui t'auront connu, car ceux-là t'auront tous
» aimé! »

Après ces chaleureuses et cordiales paroles de
l'honorable président du Cercle des Étudiants, les
couronnes, les fleurs comblent la fosse et jonchent
la terre voisine; et la foule, silencieuse, recueillie,
aussi émue que le sympathique orateur lui-même,
s'écoule lentement et se disperse.

NOTES.

(1) La famille de Marcel doit à M. le docteur Jules Didion une vive reconnaissance. Si le malade eût pu être sauvé il l'eût été par la médication expérimentée du docteur, par ses soins assidus et dévoués, et par la sollicitude amicale, et pour ainsi dire paternelle, dont il l'a entouré depuis le premier jour jusqu'à la dernière heure de cette funeste maladie.

(2) M. Adolphe Monet, de Metz, élève de l'École polytechnique, aujourd'hui à l'École des ponts et chaussées. Fils de l'honorable M. Monet, homme de devoir et de dévouement, longtemps compositeur typographe à l'imprimerie du grand-père de Marcel.

(3) M. Louis Knœppfler, de Metz, étudiant en médecine à la Faculté de Nancy. A perdu récemment son digne père, ancien élève d'Eug. Delacroix, homme de beaucoup de savoir, de goût et de modestie. M. Louis Knœppfler est neveu d'un artiste distingué, l'honorable M. Devilly, l'éminent conservateur du Musée de Nancy.

(4) M. Henri Michel, de Metz, candidat à l'École polytechnique. Son père est M. Émile Michel, peintre et littérateur d'un goût délicat, qui a depuis peu quitté Nancy pour habiter Paris ; sa mère est nièce de ces Rolland (de Rémilly), Auguste et Adolphe, qui ont laissé, dans la peinture et dans la poésie, des œuvres et deux noms qui méritent d'être conservés.

(5) MM. les professeurs Liégeois et Blondel, de la Faculté de Droit, ont bien voulu informer la famille que leur absence de Nancy les a seule empêchés d'assister à l'inhumation de Marcel : « Je ne » l'ai pas personnellement connu — ajoute M. Blondel — car il

» n'était pas mon élève; mais j'en ai entendu dire beaucoup de
» bien, et je tiens à ce que vous sachiez quelle part je prends à
» votre affliction. La mort d'un de nos étudiants est toujours un
» deuil pour nous tous, surtout quand elle frappe un de ceux sur
» lesquels la Faculté fondait des espérances d'avenir. »

L'honorable et excellent doyen de la Faculté des Lettres, M. Benoît,
s'excusait, de son côté, dans les termes suivants : « ...... Une
» affreuse souffrance rhumatismale me cloue chez moi en ce moment,
» et m'empêche de me joindre à votre famille et à vos amis pour
» rendre les derniers devoirs à ce cher enfant, qui vous est ravi
» dans toute la fleur et les espérances de ses jeunes années. J'avais
» appris, à la Conférence, à goûter les qualités élevées et généreuses
» de son âme ; et je pleure avec vous sur une si grande perte......
» Je serai d'esprit et de cœur avec vous, puisque je ne puis y être
» autrement. »

(6) M. Georges Simon, de Metz, appartient aux deux familles
messines Émile Bouchotte et Simon-Louis frères, dont les chefs
respectés ont occupé, dans la magistrature municipale ou consulaire
de la cité, les plus importantes et les plus honorables fonctions
électives.

(7) M. Lucien Larcher, de Nancy, jeune étudiant en droit, fils de
l'honorable M. Larcher, avocat des plus distingués du barreau de
Nancy et ancien bâtonnier de son ordre.

84